Die LYRIKEDITION 2000
begründet von Heinz Ludwig Arnold

Das Buch

In dem vorliegenden Band »Das Pochen der Echolote« verbindet Markus Breidenich Popzitate, moderne Naturwahrnehmung und Technikverstand. Dabei hat seine lyrische Sprachgewandtheit meist einen angenehm ironischen Unterton.
Als Physiker hat Breidenich ein verständiges Auge für Vegetation und Gezeiten und er geht sehr sprachbewusst mit dem Vokabular aus Natur und Technik um. Darüberhinaus ist es aber immer der Mensch, der im Zentrum der Texte steht. Er erforscht den Kosmos, der ihn umgibt und in dem er sich spiegelt. Für ihn können sich Geräusche im Schnee zu einem Popsong formieren oder kann das Rauschen im Zimmer den Atlantik reinspülen. Breidenich eröffnet eine neue Ebene der Zusammenhänge: »Den Kopf voll Gold sinkt man in Schlaf. Und/ hört entfernt das Pochen der Echolote.«

Der Autor

Markus Breidenich, geboren 1972 in Düren, studierte Physik und Mathematik in Aachen, promovierte in theoretischer Physik in Potsdam und ist seit 2003 Patentprüfer am Europäischen Patentamt in München. Er veröffentlichte in Zeitschriften und Anthologien, u. a. in »lauter niemand«, »außer.dem«, »Poetenladen«, »Krautgarten«, »Jahrbuch der Lyrik 2009«. Er ist Mitglied der Gruppe »Reimfrei«.

Markus Breidenich

Das Pochen der Echolote

Gedichte

LYRIK
EDITION
2000

Weitere Informationen über den Verlag und sein Programm unter:
www.lyrikedition-2000.de

Gefördert von Books on Demand, Norderstedt

Bibliografische Information der Deutschen Nationalbibliothek:
Die Deutsche Nationalbibliothek verzeichnet diese Publikation in der
Deutschen Nationalbibliografie; detaillierte bibliografische Daten
sind im Internet über http://dnb.d-nb.de abrufbar.

© 2009 LYRIKEDITION 2000 in der Buch&media GmbH
Umschlaggestaltung: Buch&media GmbH, München
Herstellung: Books on Demand GmbH, Norderstedt
Printed in Germany
ISBN: 978-3-8370-3258-1

I

STAND-BY ME

Im Herbarium

Wir hatten Blätter, aufgehängt zum Trocknen,
über uns. Den letzten Mückenstich in Kupfer schon

gepresst. Von Blütenträumen falscher Zwanziger
berieselt, in Bücher uns vergraben. Alte

Würmer, in erotischen Motiven. Reich
der Carnivoren: Venusfliegenfallen, schön:

Auf hadernhaltigem Papier der Druck der abge-
schlossenen Kapitel, waren wir. In Blei gesetzte

Namen, Spiegelschrift, der Rosen.

Fliegen

Aufeinander so fliegen. Bestäubtest du nicht
die Bücher meiner Regale? Die Narben. Narben
im Innern der Zimmer. Wachsen. Jetzt warte.
Warte auf Blütenkelche und blaue Himmel.

Dann findest du Honig in gläsernen Spendern.
Und weißt. Du weißt von den Körnerbrötchen.
Streichzarten Butterblumen so viel. Dem
Aufstrich der Rosen im Fenstereck. Dann

siehst du den Blättern das Grünzeug an. Das
über den Tischen wächst. Bis über die Dielen
Schatten wirft. Durch Scheiben die Sonne auf
Quittengelee. Fällt ein Tropfen mir ein

von Johannisbeersaft. Von dir ist der Nektar in
wabenförmigen Eiswürfelbechern. Der Tau
aller frisch gepressten Gräser. In Seiten von
Alben. Erinnerungsstücken. Von uns. Und

von dir ist das Summen der Boxen am Morgen.
Das strahlende Spiel auf den Flügeln. Komm.
Lass noch einmal uns kreisen und über den
Krümeln eine Fliege uns machen. Zu zweit.

Macroglossum stellatarum

Es ist die lange Nacht der Häute. Du entpuppst dich
als Schwärmer. Wie könnte man das nennen?
Dieses Tänzeln in Wolken. Als wäre es Kolibris
nachgemacht. Von einer Blume zur anderen
Nektar schlecken. Über die Flügel dir schauen.
Ornithologisch fast. Im Vitrinenboden. Zeichen zu
geben. Die Decken herunterzulassen. Über unsere
angesteckten Körper. Wie lichtempfindlich wir sind.
In Sektion IV des Schmetterlingskabinetts.

Anopheles

Nach dem Abkühlen legen wir uns
für einige Stunden hin.

Solange es schön ist,
wärmt uns der Himmel.

Nur selten werden wir jetzt noch
auf der Straße erkannt.

Wenn wir ein wenig
übers Pflaster fliegen

und du leise
unser Lied summst.

Abends tanzen wir,
bis ihr das Licht löscht

und wir euch – heimlich –
ins Schlafzimmer folgen,

an eurer Haut kleben und euch,
wenn ihr eingeschlafen seid, sanft

in die Wangen stechen.

FEINSTAUB

Berieselt. Mein Bett.
Dabei hattest du eigentlich
Filter benutzt. Diese Patina
eingefangen um dich. Die
abgeblätterten Schichten.
Nachts. Alle langsam
verrauchten Gräser.
Unter der Decke. Schnee.
Was war noch von dir?
Ein genetischer Abdruck
der Finger auf meinem
Rücken. Die Schuppen von
Haut. Ein wenig auch *Eau
de vie*. Aus dir heraus
pipettierte Tropfen.
Eine Art von Erlösung.
In Wasser getauchte
Körper. Jene Lagen von
dir. Und die eingeatmeten
Spuren. Verlorene Hülle.

Matroschka

Nachts sind wir
eine endlose Gelegenheit.

Vielleicht. Regeneriert sich
die Haut. Aber

man kann nicht sagen
wie es um einen steht.

Dieses Öffnen
und Schließen ist

wie das Abklären
eines Aussehens. Innen drin.

Es muss ja
weniger werden bis es

weiter nicht geht. Das
Zusammenbauen anfängt und

das Gefühl, morgens, wieder
jemanden um sich zu haben.

Nachtlied

Ich sah den farbigen Ausdruck in deinem Gesicht.
Die Augen gelasert. Wie echt. Auf Fotopapier deine
hochaufgelösten Lider. Beim Einschlafen abends.
Ein schönes Motiv. Digital überarbeitet. Müde.

Festnetz

Man könnte sich ein wenig verheddern.
Ich Flatrate. Du Jane. Dieser Lianentarif
an der langen Leitung. *Macht an!*

*Ich finde es abturnend, wenn Tagträumer
offline sind.* In den Bäumen hängen
und Funklöcher in den Himmel starren.

Während andere ihre Netze suchen.
Die spinnen, die Surfer. Sagen die Schwärmer.
Von der E-Love verstehen sie nichts.

SECOND LIFE

Hier waren die Sommersprossen auf
deinem Gesicht nur Pixel im Online.

Die Hände ein Meer aus
tausend sich kreuzenden Linien.

Zukunft war Mausklick und eine
von vielen gläsernen Sphären.

Profile von griechischer Schönheit.
Du schriebst du habest in jener Welt

eine Katze und mehrere Leben. Eines
gehöre nur mir. Und du sagtest

es sei dieses Spiel mit allem. Ein
mehrfach gesichertes Glück gespeichert

zu sein. Nur manchmal da sprangst du
aus allen Wolken ins Off. Einmal

war es wie Teile von mir
in hochauflösender Luft. Ich fiel auf

gläsernes Heu. Simulierte den Schmerz
der Nadeln in meinem Gehirn. Dann

wieder fing ich dich auf und las in den
Augen blinkender Cursor: L0ve.

Beim letzten Mal sprangst du allein. Du

hattest den Schirm vom Körper getrennt.
Es regnete Fäden vom Himmel. In

Echtzeit. Auf meinem Schirm. Letzte
Zeichen von dir. Ins Fenster geschrieben:

Und bleibst du mein künstliches Herz? Mein
täuschend echtes Umarmen. Ein friedlich

berechneter Mund. Zu Hause im Raum.
Bleibst du mein ein. Mein aus. Auf dem

Heimweg vom Rechner ins Bett mir
drahtlos verbunden?

CHAT LOVE

Selten am Anschlag so viel Timbre.
Man könnte meinen, die Webcam zoomt
leise vor sich hin. Und meilenweit über der
Flatrate saugt einer Bild für Bild aus den
Fingern. Übertragene Sinne: Sm)le,

so eine Chiffre von Drahtlosnetzwerk. Und
Sternsnoopys über einem. Charles Brown
wünscht Kribbeln im Bauch. Und Tüten
Chips. Zwischen Null und Eins. Lass Schröder

seine Etüden spielen. Wir üben schon einmal
für den Ernstfall den Zauber eines Java-
Manuskripts. Exotisch die Poesie des Visual
Basic Instinkts. Wenn es spät wird. Stand-by me.

FUNKLOCH

Du bist bei Norma gewesen. *Bellini*
sag ich noch. So ein Höhepunkt von
romantischem Belcanto. Während ich

das Fruchtfleisch eines Pfirsichs in
einem Blender püriere. Und du den
Grenadine an Kasse drei in deine

Einkaufstüten füllst. Das Hohe C deiner
Stimme über die Freisprechanlage
meines Handys tönt. Und ich dir

sagen wollte, dass happy hour ist und
meine Karten so günstig wie lange nicht mehr
zu haben sind. Aber irgendwie warst du schon

weg.

Never Call Back

Paranormal. So gegen Mitternacht
Handylesen. Taste tönern: die Linien
lang. Stummschaltung Hamburg.
Live. Im Flüssigkristallkugel-Display
kein Anruf. Du. Im Übermorgen. Die
Ziehung der Wolken. Bedecktes.

Unten kreuzen sie Straßen, Full House,
Nummer sechs. Dein Einsatz
über den Dächern. Vielleicht
den Speicher gelöscht. Aus Versehen.
Kannst mich: nie wieder finden.

Überfliege die Zahlen von morgen.
Nichts Richtiges also. In nächster Zeit.
Mein schwerer Knopf. Tipp-Ex.

ZIRKUS

Ich wische einmal nass über die Augen.
Es bleibt. Diese verschwommene
Vorstellung von dir. Wimperntusch.

Vorne ziehst du ein letztes Mal
Kaninchen aus deinem Hut.
Und verschwindest aus meinem Kopf.

RABEN

Wie viele Winter sie noch
schwarz tragen.
Seit du ausgestorben bist.

So lange her.
Es könnten überall im Haus noch
Krümel von dir liegen,

Jahre ins Land ziehen,
bis alles das um einen herum
verfüttert ist.

Solo

Du wirst Wiesengründe haben.
Pollen im Kopf. Am Tag
wachsen Margeriten auf deiner
längst vergessenen Stirn.

Auch du könntest dieses
Zwischen-den-Halmen-Sein kennen.

Planlos auf ein, zwei Blättern
ein Manifest darüber schreiben.
Warum lose zu sein besser sei.
Als gebunden.

II
Das Pochen der Echolote

BAR

Wir gaben uns Sterne, drei oder vier,
für den Service, den wir uns boten.

Gerührt von den Eiswürfelaugen im Glas,
deren Summen wir abends zählten

vergossen wir salzigen weißen Tequila
für jedes verloren gegangene Spiel.

Ein Schuss Rum in die Linke. So waren wir.
Jener Barkeeper hielt unsren Blicken

noch einmal die roten Karten hin.
Für die Zukunft Campari-Orange.

Von Planeten umkreist noch Runden gedreht.
Den Aufgang der Sonne begossen,

verschwanden wir heimlich, stahlen uns fort.
Die Rechnungen offen. Fast wahr.

Sunrise

Der Sand stellt keine gute Ausgangslage dar.
Jedes Sternenzelt ist ein unbequemer Ort.
Manchmal rauscht an Küstenstraßen
das Meer an einem vorbei. Und weich
sind die Tiere hier, auf Lotussitzen,
in Strandkörbe versenkt. Die Strohhalme
bieten wenig Halt, wenn morgens Tequila
Sunrise steigt. Als habe sich über Nacht
der Boden darunter gedreht.

Morphing

Man beginnt damit, sich in Schalen zu werfen, einen
Hauch von Perlmutt über weichen Körpern
zu tragen und – am Ende des kalten Buffets –
ein Schneckenhaus zu leeren, aus Eigenbedarf.

Wie spät das Heben der Gläser von Grund.
Perlen zergehen auf Zungen. Die Steine.
Ketten, an denen man hängt.

Algenverhangene Säle, Kronleuchter, die
– vom Boden herauf – in Meeresströmen leuchten.

Dann sieht man es nachts, mit feuchteren Augen.
Den Kopf voll Gold sinkt man in Schlaf. Und
hört entfernt das Pochen der Echolote.

SEELAND

Gegen den schweren Kopf über Dünen
eine Brausetablette abends,
nach dem Auflösen der Sonne
ein Schluck Meer. Du träumst,
es sei das Gras, das jetzt noch
auf deiner Zunge brennt.

Und rauchst dem Himmel eine Wolke vor.

Wie ein Aufgang über Nacht
steigen heraus: deine Flügel.

Dann glimmen Felder.
Die Trance der Möwen
beim Umkreisen der Kippen.
Voller Wünsche
nach Resten. Du

könntest ausgeschlafen sein am anderen Morgen.
Vom Rausch der Brandung erlöst.

Salzwasserliebe

Blau ist der späte Tang. In Hoheitsgewässern.
Du bist Krill in den Schalen der Gambensalate.
Ein lautenspielendes Herz. In Wellen getaucht.

Nautilus singt. Durch algenverhangene Säle
klingt Tümmlermusik. Die leisen Hände sind
schwer auf den Tasten. Seenotensterne.

Wenn du tief auf atlantischen Rücken liegst. Mit
Augen aus Luft. Und Thunfischschwärme zähltest.
Lass in Strömungen treiben. Uns Perlen. Rokoko sein.

Delphinarium

Die blaue Haut wirft Falten zwischen den Wänden.
Dieses Meer ist alt geworden in seiner Zelle.
Verschwommen der Umriss tätowierter Delphine.
Noch aus Seemannstagen jenes Lächeln um den
Mund. Als ob es Freikarten gäbe. Für draußen.

GRAFFITO

Manchmal so wie Ahab winkt einem die Esche zu.
Bei Wind. Wenn Regen die weiße Wand runter
in Keller läuft. Wo Einschusslöcher waren.

Solche und andere Zeichen kommen aus Dosen.
Nachts, wenn wer im Öllampenlicht: bläst.
Sprüht. Klar, auch der Baum steht auf einem

hölzernen Bein. Und die Öfen sind aus Speckstein.
Aber was sagt das schon. Seltsam: sind die Algen an
Land und: *mein ist die Rache, redet Gott.*

WELTEMPFÄNGER

Der Himmel ging ohne Störungen über die
Bühne. Allmählich ließ das Rauschen des
Meeres nach. Ein Toningenieur stellte die
Möwen auf laut. Für eine kleine Nocturne.
Von Übersee kamen die Wellen des Suez-
Kanals an den Strand. Aida hörten wir aus
den Muscheln heraus. Von weitem heulte
ein Windjammer auf. Der zweite Satz eines
Höllenhundes ins Nass. Bevor auch die
Kreuzfahrtschiffe ihre Leinen lösten. Immer
den letzten Strömungen nach. *New Waves*.

KURZSCHLUSS

Eines Nachts. Wir waren
durchgebrannt. In Urlaub gefahren.

Von überall her schoben
Rauchwolken sich vor den Mond.

Im Zimmer mit Himmelbett
gab es kein Licht. Der Regen im Bad

war kalt. So still der Empfang des
Hotels. Dort sagten sie uns

mit leisen Stimmen,
man habe sämtliche Sterne verloren.

Grand Chateau

Aus Koffern leben. Ein Nicht-zu-Hause war das Schloss.
Ein nicht geknackter Code von Krustentieren.
Wer immer wir auch sind, wir brechen auf. Ein
Unterhemd herauszunehmen, ein Stück Seife, eine Creme.

Wir waren da. Und hingen nach. An rostigen Nägeln
Sternenbildern. An der Tür. Dem Schiff der
Argonauten. Auf den Bäderspiegeln noch,
im Wellengang: den eigenen Reflexionen.

Abends, zwischen den Gängen. Im Flügel des Hauses
der Wind. Ein weiteres Mal nach dem Angelus
die Auferstehung der Gäste.

Und letztes Sesamöl
auf Rucolablättern.

CHECK OUT

Woher du kamst, wohin du gingst ...
Wir hatten tausend angenehme Nächte.
Und über uns, der Morgen, war sehr schön.

Wir schauten fern, von weitem noch,
die aus dem Staub gemachten Monde, gegen neun
die Wiederholung einer Sendung mit der Maus.

Zum Frühstück war der Käse noch in
mundgerechten Stücken auf Metall gespannt.
Wir schlugen zu. Das Glück
auf unsrer Seite; ein verklemmter Mensch
ging vor uns: in die aufgestellten Fallen.

Müde holten wir die Koffer aus den Federn.
Längst bedeckt, und zugezogen unser Bett mit
fremden Wolken.

Und die Tücher mit den Händen schon
entfernt.

Ich sehe in der Lobby uns
die Blätter unterzeichnen, jede Schrift,
als ob es gestern war, darauf;

und mit den Karten aus den Ärmeln noch
die Schuld begleichen. Du und ich

verlassen: unser Zimmer, kurz nach elf.

FLUGSTUNDEN

Last Minute. Über den Wiesen. Die Flieger grasen den Himmel ab.
Chartermaschinen, an denen man stundenlang in Luft hängt.
Reanimiert, fast ohne zu rucken: die Wanderung der Seelen.
Über den Highways. Kanadas Nummernschilder: *Je me souviens.*

–

In sonnigen Ecken: das Blaulicht über den Köpfen. Streifen,
die um die Blöcke ziehen. Beim Einbruch der Nächte.
Nur noch Kondenswasserspuren an den Scheiben.
Gestohlene Dämmung. *Tempus fugit.*

–

Es sind Blueboxtage. Und du weißt nicht wohin.
Der dünne Eisfilm über den Flügeln führt. San Francisco.
Einmal noch wie er mit den Amseln reden. Zwischen
Cannara und Bevagna: Runden drehen. *Inferno.*

–

Was sich ablesen lässt. An den Zügen der Stare: ihr
Weg nach oben. Zwischen Grönland und Hammerfest.
Linien. Vorhersehbare Müdigkeit beringter Füße.
Come back.

LUFTRAUM

Wir kreisen. Im Kritzeln der Flugschreiber.
Tonbänder, -scherben. Drei Sauerstoff-Masken.
Passanten. Im Hintergrund: Schall.

Die Götter – hier gaben sie Helden im Spiel –
nahmen die Sicht. So lange noch Treibstoff war
in den Flügeln der Engel. Waren wir es,
auf einem der Rückflüge, heimlich, ins Paradies,
die Runde um Runde spielten. Mit Glück
berührte ein Steward den Knopf an der Jacke
des Autopiloten, nahm jedes Schicksal zur Hand.
Ein wenig noch mit den Steuerknüppeln zu lenken
und über die Tastatur am Seitenruder zu drehen.
Die Räder ein Stück weit auszufahren.
Kratzer in Wolken zu ritzen.

Was wissen wir noch nach dem Reinemachen
der Platten. Wie viele verlorene Leben?
Über den Punktestand. Die Auswertung
innerer Stimmen. Gegen Ende der Simulation:

Absturz des Rechners über Attikas Feldern.

Legenden

Und Drachen steigen. Rauchmelder über den Schleierwolken.
Nordlicht brennt. Es hilft, die Seile zu kappen,
spüren, wie über den Lindenteeblüten das Höhenrot fällt.
Aus Sprinklern der Tau von tausend Margeriten
den Himmel löscht. Langsam. Statt Feuer:
tropft über den unverwundbaren Stellen stetig: jene Nase.

Und Tage vergehen. Am Wegrand. Die Luft voller Zeichen.
Übersät. Kondenstropfen keimen. Aus denen am Abend
ein Ziehen der Vögel wird, in den Armen. Als sei es die
Vierteilung des Himmels, die einen blaumachen lässt.

Down under. St. George. Hatte das Kreuz des Südens gemacht.

BALLON

Heißluft. Diese Tage sind lang.
Über uns wölbt sich die Hülle.
Für Himmelfahrten.

Nimm diesen Korb mit Erde.
Wirf über Gobi Sandsäcke ab.
Wenn es Abend wird. Wir

steigen. Schau an Seilen entlang
auf die winzigen Löcher im Stoff.
Licht fällt hindurch. Wie Sterne.

Luft kann entweichen. Ins All.
Wir sinken wieder. Irgendwo hin.
Wo ein Landeplatz ist. Ein Morgen.

III

In den Zweigstellen der Bäume

KÖNIGSSEE

Tagzonen. Ringe auch: Nebelbänke. Bahnsteige. Pflaster.
Streifenkarten. Auch Rampen. Künstlich am Horizont. Karten.
Wärter. Mit Kompass. Nadelstreifen. An Stacheldrahtwiesen.

Zink. Die Toten im Winkel. Verletzte. Aufgerissene Straßen
verlassen. Malerwinkel. Schön: da draußen die Ruhe.
Einsamkeit hier. Einsamkeit ruft: Eine Kugel die Erde.

Eine Kugel. Die Erde. Die Zonenkarten, Zonen. Westen.
Die erdkugelsicheren Westen. Ost. Streifen, die um die
Blöcke ziehen. Fahrten schreiben und lesen. Hier: enden die

Karten, Ringe. Die Zonen, Herr. Wie leer die Streifen,
Gott. Wie tot. Verlassen. Die Scheiben. Hagel. Der Hagel,
der fällt. Und Streifenwagen. Grün ist der Streifen. Grün

der Wärter. Wir gehen. Wir gehen. Und gehen.

FREILAND

Die Hügel mehr als sonst kontaminiertes Gelände.
Wildgänse haken den Himmel ab. Seit Tagen
öffnet niemand mehr die Briefe der Tauben.
Wenn sie Brotstaub picken. Scheiben klopfen.

Verstreut. Du kennst ja die Lage der Körper.
Ihr Auf und Ab. Wie an Küstenstreifen die
Schwäne sind. Das Überspringen der Keime,
von Haus zu Haus.

Siehst den Umriss der Flügel in Kalkstein.
Kreidezeichnung auf Pflastern. Strand-
Promenaden. Wie die Abendzeitungen schreiben

soll man Mondscheinfilter tragen. Und nie
mit der bloßen Hand über ihre bergigen
Häute fahren. Wenn sie Federn verloren haben.

Heimgarten

Enzian blüht. Auf Wiesen gedruckt. Oder Blaupausen nur.
Zwischen Auf- und Abstieg. Kopierte Berge.
Flugblätter fallen vom Treppenhaus über die Täler.
Vielleicht nur der Herbst, der leuchtet.
Albinorosen seine Nachmittagssonne schenkt.

Um ein wenig davon zu lesen. Was wichtig ist.

Der Hausmeister sagt: *im Garten wächst Unkraut.*
Und heim will er auch. Vor Einbruch der Dämmerung
unten sein. Dieses Gipfelkreuz, an den Rändern verwinkelt.
Scharf. Er habe Köpfe der Blumen geschnitten wie
Andere Haare, Nägel, ihr Fleisch. Nur manchmal

tätowiert die Sonne da oben Souvenirs auf die Haut.
Bis nach einigen Tagen Erinnerungsfetzen sich lösen.
Das Himmelblau zu erzählen beginnt. Man habe so vieles
wissen können. Von kahlen Bäumen. Weinenden Gletschern.
Meeren verbrannter Sterne. Ist der Mensch also Feind

der Natur? *Ach Mutter, die paar Millionen Jährchen.*

LANDTAGE

Zur Wahl stand hier nie das Grün.
Jahrhunderte lang sind die Bäume
auch ohne Vogelstimmen gewachsen.

Hin und wieder muss einer mit der
Axt die Krone zum Einlenken bewegen.
Sonntags geht man Blätter durch, die

in Briefkästen flattern. Die Kirche will
an einigen Waldwegen Kreuze
machen. Als sei es nicht

Bürokratie genug, Woche für Woche
etwas in die Urnen zu legen.

Wind geht. Man findet hier, wenn es
nicht so ist, wenig Zerstreuung. Und
kaum jemand merkt, wenn es wächst.

Dieses Wurzelwerk. Beim Aufstellen
der Kandidaten. Man wird sich wohl
ein wenig mehr als bisher einmischen.

Unter den Gräsern. Den Seinen.

BLÜTEN

Goldregen. In den Zweigstellen
der Bäume prüfen sie heute die
Echtheit des Sonnenscheins.

Es könnte beispielsweise ein
Spiegel sein. Statt eines Sterns.
Der Licht reflektiert. Von

Bergen herab. Fälschlicherweise
die Täler erleuchtet. Blüten in
Umlauf bringt. Seltene Farben

auf Sicherheitsblätter gedruckt.
Photosynthetisch vielleicht. Nur
täuschend echt. Auf künstlichen

Fasern das Blaue vom Himmel.
Hineingestreut ist das funkelnde
Grün eines Waldes. Dass es keiner

bemerkt. Wie sich alles um einen
herum. Als wertlos erweist. Wie
sehr man jetzt abhängt. Auf

Feldern. Wiesen. Vom Kennen
der Blumen. Wasserzeichen. Und
den Schattenspenden der Wolken.

SPÄTHERBST

Dimmerland. Auf Mittelgebirge
heruntergeregelt. Die Höhe des Lichts.
In Spiegeln. Ist Meerwasserblues
eine ferne, seitenverkehrte Welt.

Das Summen am Ufer. Wechselstromkreise.
Man wisse ja nicht, wie viel es kostet,
die Hügel am Leben zu halten
mit Kabelbäumen. Künstlich. Wie weit

die Schattenspenden im Rückstand sind.
Nach der jährlichen Leistung der Birnen.
Von Zeit zu Zeit lässt Blattgold sich
aus Flussnebelbänken waschen.

Das Glitzern der Steine. Schwach.
Mit sich allein. Nur selten vergehen
über den Feldern noch Kilowattstunden
im Flug.

BETA–BLOG

Sah Kardiogramme im Wald. Jemand hat
aus den Weidenrinden Tee gemacht.
Nach dem Ritzen der Pfeile,

links, im Arm, zieht es einen
über den großen Teich. Man würde so gerne.
Das viele Wasser sehen. Aber die Pumpen.

Yo, man! You can do it!
Noch ginge es ja. Aber steht man nicht auch
auf Wartelisten? *Waiting for you!*

In Kalifornien, an den Redwoods, sind
Zeichnungen, manchmal, die an Kreise
erinnern. Markierungen

für das rhythmische Schlagen der Bäume.
Ein Video. Schöner Ultraschall fallender Blätter.
Sammelst auch du vom nassen Boden Pilze?

Mancher Brustkorb ist voll davon.
You can download it! For free!
Und Hände mit Fingerhut. Digital.

November

Klarsichtmorgen. Die Ampel auf Blattgelb. Hüllenlos
eine Raupe an Baustellen lang. Die Bäume. Geritzt
das Herz eines Rindes die letzte, fahrlässige Tötung.

Gefrierbrandhäuser. Ein Leben gelöscht. Trotz langer
vegetarischer Sommer. Der Hunger trieb
die Kühe auf saftiges Grün. Durch Milchglasscheiben

der Blick auf die Hälften. Nach Teilen der Rücken.
Spießig: die Wandlung von Gräsern in Fleisch.
In den trüben Augen. Der Reif auf Röteldächern.

PARTIKEL

November. In einer Nebelkammer.
Du gingst spazieren.
Den Bach entlang. Hätte gern
deine Spuren in Luft detektiert.
Den Zerfall eines Körpers in
nicht mehr teilbare Stücke.
Ohne nahe zu treten. Dir. Die
Lust an *Sensationen*. Gefühle
zu wecken. Einfach nur
jene Wirbel und Schleifen
die man nach sich zieht
aufgezeichnet. Vor den Schemen
der Buchen. Dem Verschwinden.

FRESKO

Fragmente. Abends. Also
sind auch die Bäume abgeblättert.

Der Kalk. In den Anstrich der
Rinden dringt früh das Eis.

Auch die Halme. Reif. Für den
Firnis der Nebel.

Wenn sie Landstriche überziehen
mit Kremserweißtönen.

Die Skizzen der Wiesen
verloren sind.

Flocken rieseln.
Von den Wolkendecken. Der Putz.

WETTER

Du kennst den Himmel?
Diese Wolken ziehen nicht
spurlos an einem vorbei.

Was jetzt angesagt ist?
Dass es Regen gibt. Das
Regen eines Gefühls

zum Beispiel. Blitze und
eine Gewitterfront. Genau.
Jetzt macht der liebe Gott

Fotos von dir. Und nachts
wenn er dich entwickelt
schaut er in deine roten Augen.

Donnerwetter sagt er sich dann.
Dass du so gut getroffen bist.
So hirnverbrannt.

ARIA

Man muss den Nimbuswolken
guten Abend wünschen. Es geht so wenig
über sattes Orange.

Außer Sternen, wenn sie gut stehen.
Und Aldebaran sich ein wenig
nach links dreht. Mit dem Kopf.

Objektiv betrachtet sind Linsen o.k.
Nur manchmal sehen nach dem Lasern
die Augen schärfer als jedes andere Gerät.

Dann der Auslöser, rechts,
für das Wetter von morgen. Man sagt
solchen Blitzen magische Kräfte nach.

Schön sind die Schleier des Orionnebels
im Röntgenlicht. Wie gut die Wolkenbrüche
verheilt sind. Was vielleicht

an den frischen Lüftungen liegt. Den
kühlen optischen Teilen. Verbunden
mit weichem, gefiltertem Grün.

Sound Check

Manchmal fährt

aus dem Nichts heraus eine Abtastnadel
über die Unebenheiten des Himmels.

Man entdeckt im Schiefer die
Urpressung der Velvet Undergrounds.

Aus den Rillen der Platten mixolydisch:
Tektonik. Über den Äther dringt

Vogelzwitschern. Aus Tonspur entstanden
die Jahresringe.

Jemand sammelt den Schellack von
Rindenscherben. An Wolkenkratzern

vollzieht sich das Leben in Sprüngen.
Evergreen.

WEG

Tonspuren. Du verlierst dich im Off.
Alles leise Gesagte: ist weit.

Dein Fährtenbuch. Die Federn kratzen
über die Lichtungen. Abdruckreife.

Streich mit der Hand über das fallende
Haar eines Pinsels. Zeichen.

Die Tusche ist wie der Ozean. Ein
großer, trocknender Film.

Die Wände des Hauses sind leinen,
voller Spraydosenherzen. Weiß.

Wie klein wir sind. Unser Mikro ist aus.
Auf Milchstraßenband sind die Aufnahmen

tausender Stars und Sterne.
Gelöscht haben wir das Licht. Und über den

Time Codes streuen wir den Sand.
Schnee, der auf Straßen fällt. Bleibt.

COLD PLAY

Manchmal kann man

dieser Lagebesprechung im Schnee ein
Knirschen entnehmen.

Als sei es der Tonfall von Flocken, der hier
die Stimmung diktiert.

Den gedämpften Anflug einer Krähe
auf Blautannenzweige.

Oder das Abklingen von Verwehungen
nebenan.

In die präparierten Rillen könnte man
die Nadel einer Kiefer fallen hören

zum Abtasten aufgezeichneter Spuren.
Wie sie

das Knistern des Eises wiedergibt.
Unter den Füßen.

IV

Wie schwerelos einem der Regen fällt

KARFREITAG

Raumstationen. An einer Kreuzung.
Wie schwerelos einem
der Regen fällt. Ein erstes Mal.

Man denkt ans Aufstehen, nachts.
Über Zebrastreifen Savannengras zu
durchqueren. Unter der Vierung,
morgens, bei Rot, in Taufwasserbecken
baden. Jemand hilft hinauszufinden.
Den Halmen entlang
über Hufzonenpflaster.

Platzregen fällt. Ein weiteres Mal.
Mit Wischblättern entfernte
Tropfen von Scheiben und Stirn.
Manchmal sind es Sekunden, in denen
man über Rücken fährt.
Oder es trifft einen nie.
Auf einem Raumspaziergang. In
seltsamen, letzten Hemden.

Und sie dreht sich. Im Schlaf.
Oft sind es *big five*, die einem
über Wege laufen. Vierzehn Stationen
bis Alt-Mariendorf. Manchmal auch
enden Züge am Ostkreuz. Man muss dort
tagelang warten. Bis es aufwärts geht.

Dann soll aber
über Wolken der Serengeti
der Himmel tiefer sein
als an jedem anderen Ort.

SCHNEEKUGEL

Man schüttelt das Glas. Kräne bewegen sich. Schaumstoff fällt.
Die weißen Dämmschichten über den Hügeln. Stahlbeton.
Vor dem Erwachen: der Lärmschutz tief gefrorener Puppen.

Jemand sieht von außen: auf belebte Straßen. Durchs Brennglas
Passanten, an Stromlinien lang. Gesten. Verschwommen,
das Zellenregen. Und manchmal ein Blick, als hätten sie, unten,

etwas durchschaut. Schrieben in der Sprache der Körper
eine Gleichung an Scheiben. Da hindurch sah man später: das
Spiel von Blättern. An Fäden: das Älterwerden von Larven.

Jedes Knistern im Boden. An der Oberseite
der Kugel, die längst
auf einem Schreibtisch über den Nimbuswolken stand.

Dann wieder Schütteln. Kräne bewegen sich.
Schaumstoff fällt. Die Fäden pendeln.
Und man sieht – an den Färbungen eines Kristalls –
das Zinnoberrot dieser fertigen Häuser voraus.

ZUR LAGE DER DINGE

Nacht und: dieser durchgebrannte Himmel.
Verrauchte Leuchtkäferschwärme im Eck.
Wo Autohändler Kundinnenstämme werben.
Dann Neonröhrenknochen. Röntgenlicht.
Schwaden. Stromabwärts. Fundstellen.
Hier: die prähistorischen Glühwurmlarven
in ewigen Eiswürfelbechern. Nie
waren Milchshakestraßen so hell.
Der Mond vor dem Goldenen Anker stieg
langsam ins Taxi. *Venus im dritten Haus.*
Zeit, den Splitt über Fußgängerzonen
zu werfen. Wie das Granulat gedimmter
Laternen über Pflastersteine fällt. Haltbar
sind die ersten elektrischen Fische an Land
auf künstlich gefallenem Schnee.

NACHTSCHWÄRME

Und manchmal auch. Um eins.
Die Bahn Richtung Leuchtenbergring.
Es kann Täuschung sein, dieses Gehen.
Weil früher: So Leute wie wir machten durch.

Geschichten vom Ausstieg. Ich hätte vielleicht
auf Sitzen im Mittelgang Träume gehabt.
Südlich von Hamilton Schafe zu zählen.
Aber man kann ja im Zug nicht schlafen.

Alles abgefahrenes Zeug. Und die Seelenlage
wird schräg sein. Auf Eisen gelegt, im Pendelverkehr,
wenn Baustellen sind oder Tote. Man wartet da nachts
halbe Ewigkeiten auf Anschluss und legt sich

prophylaktisch hin. Bis jemand Nachtreste teilt
mit einem. Und spät – ohne Rücksicht auf Spiegel –
zwischen Türöffnen und -schließen bleibt man zurück.

EMBEDDED

Der Tag ginge zu Ende,
auch ohne uns. Man wisse nicht,
was komme, wenn nachts
der Bote die Post
in den Kamin legt. Gas
ströme aus der Therme im
Abstellraum. Der Briefkasten (sinnlos
hinauszugehen) entleert.
Ein Lagebild vor Augen.

Flüchtig
das Infrarote frisch gefallener
Äpfel. Im Überflug die Zeit, die
jetzt (so klein die Welt) vergeht.

Und unsichtbar, des Nachts,
in Druckerschwärze, sei
das Blei des Setzers
Gift.

Immer noch,
am anderen Morgen,
die Ausgabe einer abgelaufenen Tagesfrist,
die man – beim Frühstück – verstreicht.

Statt Öl ins Feuer zu gießen,
trinken wir Kaffee mit Milch.

Von Weitem das Summen der Spül-
maschine, als Vorabendserien laufen.

Ein Meer blinder Flecken, die nie
aus den Augen verschwunden sind.

Verrät ein Tellerblick über die Ränder,
was die Löffel so hören im Schaum.

Wenn sich Alice und Bob im Ersten
das Jawort geben.

Nachbar

Für lonely57

Manchmal lausche ich
wie dein rechtes Ohr
die andere Mauerseite
berührt. Und dann
stelle ich das Radio an.
Irgendwo zwischen
den Sendern
ist das Rauschen zu
hören und du
denkst vielleicht
du spürtest
durch die Schneckenhaus-
fugen noch einmal das Meer
in deine Wohnung steigen.

ANDERNTAGS VERLIESSEN WIR –
in uns gekehrt – noch einmal die
sauberen Buden. Für den Einkauf
im Freien, ein Leben in Tüten
und einige Gläser Gelee.

Nachmittags wischten wir Blütenstaub
aus braun getönten Haaren.
Fuhren mit einem befeuchteten Leder
über den trockenen Mund.

Wer kochte uns abends, wer
spülte uns ab? Niemand
war unser Zeuge.

Gegen Mitternacht trieb uns der Hunger
zum Kühlschrank, die Reste der Nieren
zu essen. Und langsam füllte sich in uns
die Leere mit mild gesäuerten Herzen.

Erschien uns vor kurzem der Weg noch weit
zu den nächsten Sternen dort oben, so
fanden wir jetzt im Eiswürfelfach
unser offenes Bein
in Aspik.

TIERHEIMAT

In den Fressnäpfen: volle Stunden.
Es schmeckt wie nichts, wenn abends die Luft
durchs Zimmer streicht. Jemand Wunden leckt,
wenn man hungrig ist, die Zeit sich nimmt.
Ein wenig mit uns
aus den Decken heraus zu gehen.

–

An den Wäscheleinen zerren die Boxer-
Shorts. Wind heult. Oft
sind es Kleinigkeiten. Im Sperrmüll.
Ein alter Tropf, an dem man
jahrelang hängt. Oder das Zerren an der Hand,
beim Umschlagen des Wetters. Die feuchtere Luft.

–

Wenn der Regen fällt. Man weiß nicht wohin.
Es hilft, sich nah zu sein. Über dem Rücken
an Tagen wie Hunden
durch den feinen Niesel gerasterter Welt
zu streifen.

Thermostatisch I

Wir Einheizkörper. Tragen Spuren
Öl in den Poren. Schon bald lindern
Luftbefeuchter die Trockenzeit.
Vipernhaut, die im Namib über den
Sand jagt. Unbestritten stürmisch auch
wir streifen das Fell eines Zebras ab.
Diesen Retro-Look zwischen Rippen.
Unter Leopardendecken geschlüpft.
Quietschen und rauschen im Wind.

Thermostatisch II

Auch mein Heizkörper steht
mit dem Rücken zur Wand.

Uns Rippengestellen
ist immer kalt.

Niemand
macht uns noch an.

Fossil

Staublungenflügel. Rauch.
Klopfzeichen unter den Tagen.

Es wächst in einem, nachtschichtweise.
Manchmal spenden sie Schatten.

Man kann auf diesen winzigen Blättern
Kohlezeichnungen lesen.

Den Abbau einzelner Zellen.

Manchmal können Jahre vergehen,
bevor es irgendwo brennt.

Livores

In Waschmaschinentrommeln Endzeitzeichen. Buschwerk,
Rauch. Ein Telegramm: *Schon über allen Bergen Punkt*

Saubermänner, -frauen, -kinder. Streut
ein wenig noch: vom Pulver in die Schächte. Und Entkalker.
Gott, Demenz ist überall. Und niemand denkt. So sind wir
nicht. Von dieser Welt. Und rein ist unser Herz

in neue Körper. *Lebt denn wohl und klammert nicht
an uns und unsren Hemden.*

Nachwelt

Von Zeit zu Zeit ... Treibsand
über Plätze verstreut. Wie du dich
unter Leute mischst. Die tiefe
Sonne über dem Kolosseum
Lichtspiele macht. Nur ein Steinwurf
entfernt. Aus der Versenkung heraus
der Abguss deiner Schatten.
Als du – Plastik-Tüten in jeder Hand –
aus Gräben auftauchst.
Amphoren in Geschenkpapier verpackt
für letzte Tage.

REQUIEM

Vorletztes Jahr, es gab ja erste Zeichen, eines
Nachts, wir sahen schwarz, im Spätprogramm
die Sterne vor den Augen, Popcorn
aus den Satellitenschüsseln fallen.

Als Wolken sich von Süden vor die Bilder schoben.
Jemand Geld von uns verlangte für die nächsten dreißig
Monate im voraus.

Fieberhaft. Im Keller unsres siebten Hauses suchten wir
nach Unterlagen über Orte, Zeiten jeder
Sendung. Gaben Daten, die wir fanden,

die Ermächtigung zum Einzug der
Geburten weiter, als der Wind sich drehte. Und die
Aufklärung des Himmels über uns

es kälter werden ließ. Der Schüttelfrost sich
auf Antennenstäbe legte. Wir von ferne noch
den Schnee im Dritten sahen, später – wie vorhergesagt –
nach kurzer, schwerer Krankheit dann verschieden.

P. S. (Epitaphe)

I

Lampenfieber. So hell die Sonne.
Jeder Schritt über den Wolken Neuland.

Keine Wegweiser. Keine Karten. Man wird sich zurechtfinden.
Einen Arm hier, den anderen da.

Auf Röntgenbildern Schicht für Schicht.
Die abgetragenen Zellen.

Eine Inschrift, unter Grabungsfeldern: Was eines Tages
wächst darauf. »Vergissmeinnicht«, naives Zeug.

Man hat sich in den Kopf gesetzt. Den eigenen.
Staub aus der Hose zu schlagen. Beim Aufstehen.

Die winzigen Bruchstücke. Jemand wischt mit dem
Tuch übers Regal. Und sie sind weg.

Vorstellungen. Jeden Abend. Was an Brettern
so hängen bleibt. Schriftrollen. Fensterleder.

Klaren Kopf zu behalten. Über polierten Schädeln.
Bis einem irgendwo da oben die Luft ausgeht.

Man werde sich einleben, mit der Zeit.

Auf den geschwärzten Schieferplatten: der Lungenflügel.
Jener prähistorische Rauch alter Gräser.

Überfliegen noch einmal die Befunde. Ob nicht
irgendwo da unten noch: Königsgräber liegen.

Grabbeigaben: Barbie-Puppen, Maden. Die
Plastikschmetterlinge in den Bäuchen noch

zu Leben zu erwecken sind. Nach Jahren.
Wir fanden kleine Schatten. In der Mittagspause

dunkle Flecken neben den Amphoren.
Blutgefäße, auf dem Sand. Wolken

zogen auf. Wir machten uns vom Acker.
Bevor der erste Regen fiel und alles über uns

gewachsen wäre. Noch waren wir:
die fliehende Stirn eines Frühmenschen

vor Anbruch des Tages. Die Zwischenkieferknochen eines
Obdachlosen in der Hilbury Road, gefunden am Abend.

Zwischen Föten die Spuren der Hämatome. Färbung der Iris.
Grünpunkte. Wiederverwertete Nieren.

Wer aber von uns war die Färbung eines Steins?
Die Ausstülpung von Sand in Farnen?

Dann wieder: die Eisendrähte, Nervenreize.

Jede künstliche Beatmung, da oben.
Jedes Lammfell in deinem Rücken. Spät

schmilzt Gletschereis über deinem Bett.
Und es gibt dich frei.

II

Ein Nie-mehr-so-sein der Tag. Wenn Licht
alle Schatten in Boden meißelt. Das Motto des
Abends war tief. Eine Inschrift im Grundbuch
der Wiesen. Hier sind wir im Gras ein Zeichen
gewesen. Ein Wort. Beim Graben gefunden
haben wir uns. Umgeben von Staub. Der Blumen.

III

Gedankenlos. *Wo du stehen geblieben
warst?* Man ist gedankenlos nur
in deiner Lage.
Wir schneiden uns
eine Scheibe ab. Wir
Pathologen interessieren uns
für die Löcher deines Hirns.
Die verschwindend dünnen Präparate,
in denen sich
dein Vergessen abspielte.
Jenes seltsame Sich-Liegenlassen.
Ohne jemals wieder danach zu suchen.

IV

Am Anfang der Erdschicht.
Die harte Arbeit unter den Tagen.
Wenn wir um uns die Raupen steuern.

Diesen Weg nach oben planieren.
Für Schmetterlingsflüge.

V

Es ist nie zu spät. Über Nacht. Metamorphose hätten sie früher gesagt. Sich zu ändern. Ich nenne es Himmelfahrtskommando. Dieses schnelle sich aus dem Staub machen. In Käfern.

Gericht

Unter zehnfacher Vergrößerung meiner
Haut die Entdeckung der Poren. Immer
weiter und weiter in sich hinein. Bis zur
letzten Instanz, die mir ähnlich sieht.
Genetisch bestimmt. Eine Erbsünde wohl.
Eine Milbe singt das Gloria Mundi. Sic
transit. Was noch für mich spricht in der
Tiefe meines Gesichts ist das Schlagen
der Wimpern und zu vollen Stunden
das stetige Mea Culpa der Geißeltierchen.

Inhalt

I Stand-by me

Im Herbarium · 7
Fliegen · 8
Macroglossum stellatarum · 9
Anopheles · 10
Feinstaub · 11
Matroschka · 12
Nachtlied · 13
Festnetz · 14
Second Life · 15
Chat Love · 17
Funkloch · 18
Never Call Back · 19
Zirkus · 20
Raben · 21
Solo · 22

II Das Pochen der Echolote

Bar · 25
Sunrise · 26
Morphing · 27
Seeland · 28
Salzwasserliebe · 29
Delphinarium · 30
Graffito · 31
Weltempfänger · 32
Kurzschluss · 33
Grand Chateau · 34
Checkout · 35
Flugstunden · 36
Luftraum · 37
Legenden · 38
Ballon · 39

III IN DEN ZWEIGSTELLEN DER BÄUME

Königssee · 43
Freiland · 44
Heimgarten · 45
Landtage · 46
Blüten · 47
Spätherbst · 48
Beta–Blog · 49
November · 50
Partikel · 51
Fresko · 52
Wetter · 53
Aria · 54
Sound Check · 55
Weg · 56
Cold Play · 57

IV WIE SCHWERELOS EINEM DER REGEN FÄLLT

Karfreitag · 61
Schneekugel · 62
Zur Lage der Dinge · 63
Nachtschwärme · 64
Embedded · 65
Von Weitem das Summen der Spül- · 66
Nachbar · 67
Anderntags verließen wir – · 68
Tierheimat · 69
Thermostatisch I · 70
Thermostatisch II · 71
Fossil · 72
Livores · 73
Nachwelt · 74
Requiem · 75
P. S. (Epitaphe) · 76
Gericht · 82